AF263873

UTILITÉ DE L'ŒUVRE

DES

LANGUES ÉTRANGÈRES

PAR

M. TERRIER

PROFESSEUR DE RHÉTORIQUE

LYON

IMPRIMERIE D'AIMÉ VINGTRINIER

RUE DE LA BELLE-CORDIÈRE, 14

—

1865

[illegible]

[illegible]

par

[illegible]

[illegible]

©

UTILITÉ DE L'ŒUVRE

DES

LANGUES ÉTRANGÈRES

Chers Élèves,

Admirez la sollicitude ingénieuse avec laquelle on a pourvu non pas à vos intérêts seuls, mais encore à vos plaisirs. Les récompenses que vous allez recevoir vous sont bien précieuses ; cette liberté, que la plupart d'entre vous ont achetée par leur travail, est bien douce ; et cependant on a trouvé le moyen de donner aux unes plus de prix, à l'autre plus de douceur : au moment où vous allez vous en saisir, on vous les fait encore attendre pour vous donner un dernier conseil. Ce retard, apporté à vos jouissances, est comme un assaisonnement qui vous fait mieux savourer la première heure des vacances. Rassurez-vous, cependant : je ne prendrai pas plus de soin de vos plaisirs que vous ne le désirez vous-mêmes et je les assaisonnerai d'une main discrète.

Je vous parlerai d'une étude regardée par un grand nombre d'entre vous comme secondaire, souvent négligée, quelquefois complètement abandonnée, digne cependant, par son importance et son intérêt, d'être placée au premier rang ; je veux dire l'étude des langues vivantes. Quelques-uns de mes collègues pourraient, sans contredit, traiter un tel sujet avec plus de connaissance et d'autorité ; mais ils me pardonneront, je l'espère, de servir en volontaire dans leurs rangs, ils avoueront même que j'ai un titre de plus qu'eux pour prendre en main la cause des langues qu'ils enseignent ; c'est que j'ai plus souvent regretté de ne pas les savoir davantage. Autrefois il était permis de les ignorer, moins utile de les connaître : les relations entre les contrées différentes étaient fort restreintes, les voyages rares. C'était le beau temps pour ceux qui venaient de loin et qui avaient de l'imagination. La géographie tenait le milieu entre la science et le roman. On nourrissait, même sur les peuples les plus voisins, les opinions les plus erronées : quant aux nations lointaines, on admettait leur existence, mais sans en être tout-à-fait convaincu. Sans doute on croyait à la Chine, à cause de la porcelaine : mais on aurait été aussi surpris de voir un Chinois en chair et en os que d'entendre et de toucher un héros des Mille et une Nuits : les personnages de Montesquieu n'étaient pas seuls alors à s'écrier d'un air étonné : Comment peut-on être Persan ?

Il n'en est plus ainsi. Avec quelle rapidité le monde a changé de face ! Que de mouvement ! Que de voyages ! Quelle communication incessante, prodigieuse déjà et toujours croissante, entre toutes les nations ! Quel échange continuel de produits, d'ouvrages de toutes sortes, d'idées, de sentiments, d'usages, d'hommes enfin ! Qu'il est loin de nous ce temps dont je parlais tout-à-l'heure ! Déjà il se confond pour nous avec ces siècles où Horace reprochait aux fils audacieux de Japhet d'avoir franchi les mers placées par les dieux entre les continents comme une séparation infranchissable ; où Pline l'ancien regardait comme une hardiesse criminelle d'employer le chanvre à former des voiles pour y recevoir les vents et utiliser l'orage ; où l'on ne blâmait pas moins Xerxès d'avoir percé le mont Athos et jeté un pont de bateaux sur le Bosphore que d'avoir fait battre de verges ses eaux indociles ; où la tentative de trancher les isthmes passait pour un attentat aux vues de la Providence : comme si la même puissance qui a construit et ordonné l'univers nous avait placés au milieu des difficultés pour y succomber ; nous avait donné la force en nous interdisant la lutte ; comme si elle avait mis en nous cette intelligence capable de connaître et de vaincre les obstacles en nous défendant de jamais en faire usage.

Non non ; l'homme n'a plus de telles craintes qui feraient injure à Celui de qui il a reçu sa puissance. Aujourd'hui, armé de ces forces redoutables qu'il a ravies à la nature pour la dompter, il renverse toutes les barrières qui le séparaient de ses semblables. Les flots s'aplanissent devant lui et les vents ne peuvent arrêter ses navires : les monts le laissent, à travers leurs masses percées de part en part, passer, rapide comme une tempête souterraine : les isthmes s'ouvrent, ils sont ouverts, je l'ai vu, bien que le soleil brûlant et les sables du désert aient trouvé, contre nos efforts, d'autres alliés que des barbares : les mers, étonnées de se rencontrer pour la première fois depuis les cataclysmes antiques, vont bientôt, des extrémités de l'Europe à celles de l'Asie, porter sur leurs flots réunis le triomphe de l'énergie et de la persévérance humaine.

Cependant ce contact entre les peuples, cet entraînement général qui les pousse hors de leurs frontières produit-il tous les résultats qu'on en pourrait espérer, si, toutes les barrières tombées, il en reste une que nous refusons d'abattre, l'ignorance des langues? Certes on ne peut exiger que nous connaissions celles de tous les étrangers qui nous viennent visiter, c'est-à-dire celles du monde entier : le ciel seul peut communiquer un pareil don. Mais du moins chacun de nous devrait posséder, de manière à s'en servir avec profit, l'idiome de quelqu'une des grandes nations qui nous entourent. Et pourtant, combien cet avantage, commun en d'autres pays, est rare parmi nous!

En effet, ne craignons pas de l'avouer ; nous le cédons sur ce point à bien des peuples étrangers. L'Allemand instruit critique nos auteurs, qu'il juge trop sévèrement, mais qu'il a lus du moins ; or, combien d'entre nous connaissent autre chose des siens, pour lui répondre, que de rares traductions ? Le Russe parcourt l'Europe entière, et les habitants des contrées qu'il traverse le prennent, à l'entendre, pour un de leurs compatriotes. Il est, dans les îles Ioniennes et leurs villes charmantes, mainte réunion où chacun parle quatre langues avec la même aisance et la même pureté. A Constantinople le Grec, l'Israélite, l'Arménien mettent des connaissances égales au service de leur activité commerciale et de leur subtile intelligence : seul le Turc indolent, qui méprise encore ces vaincus, tout en les redoutant, dédaigne de parler une autre langue que la sienne ; et nous, trop souvent, nous imitons le Turc.

D'où vient cette négligence, que d'ailleurs je ne voudrais pas exagérer ? Est-elle l'effet d'une difficulté particulière que nous trouverions à prononcer des sons étrangers, à imiter les intonations qui nous sont peu familières ? Non : certains peuples ont sans doute les organes plus souples que les nôtres : l'accentuation uniforme de notre langue fait aussi que nous avons quelque peine à rendre fidèlement la variété d'accents que présentent la plupart des autres ; mais ces raisons sont d'un ordre secondaire. Ces difficultés retardent le succès et ne l'empêchent pas. Personne ne croira l'intelligence et la mémoire du Français inférieures à celles du Russe, sa langue et ses lèvres moins agiles que celles de l'Allemand.

Une raison explique en partie l'oubli dont je me plains; c'est que jusqu'ici, si d'autres peuples voyageaient peu, nous voyagions moins encore. Les routes du continent étaient déjà couvertes d'Anglais; ils promenaient dans le monde entier leur opulence et leur fierté; ils allaient étudier les autres peuples chez eux et apprendre, par cet examen, à s'estimer davantage, quand les Français pensaient encore qu'il était inutile, pour s'instruire, de sortir de France. Nous sommes un peu revenus de cette opinion et nous commençons à céder, comme les autres, au salutaire entraînement des voyages; mais le changement a lieu sans que les effets s'en soient encore fait sentir.

Enfin, puisque je n'ai pas craint d'avouer une infériorité, je puis bien donner aussi une raison flatteuse pour notre amour-propre. Les étrangers nous ont un peu dispensés d'étudier leurs langues en apprenant la nôtre. Non-seulement ceux qui viennent chez nous s'efforcent de la parler, mais il n'est pas de pays en Europe où l'on ne se pique de la savoir. Ce n'est pas seulement la langue de la diplomatie, qui semble avoir cherché dans la clarté et dans la précision du français une garantie contre les équivoques des diplomates d'autrefois : c'est aussi, et presque partout, celle des classes les plus éclairées, les plus polies, les mieux faites pour goûter les plaisirs délicats de la société. Elles avouent qu'elle se plie mieux que toute autre, par la variété des tons qu'elle sait prendre, les ressources qu'elle a pour tout dire, le piquant et la vivacité de ses tournures, la délicatesse de ses nuances, l'aisance et la rapidité de sa marche, aux allures mobiles et capricieuses de la conversation. Aussi est-elle devenue une sorte de langue universelle. Les personnes mêmes qui l'ignorent, pour donner de leur éducation une idée avantageuse, feignent souvent de la savoir : quelques bribes de français, mêlées à leurs discours, y font un ornement, une sorte de figure que n'avait pas prévue la rhétorique des anciens. Dans certaines villes étrangères, vous êtes tout surpris, au milieu d'une conversation peu intelligible pour vous, d'entendre des mots familiers à votre oreille : vous éprouvez le même plaisir qu'à rencontrer, au milieu d'une foule inconnue, des visages amis, et vous vous persuadez bientôt qu'en tout pays le Français est un peu chez lui. — Ces hommes obligeants qui perpétuent dans notre siècle les traditions de l'hospitalité antique et qui, généreusement, l'accordent à chacun selon sa fortune, savent bien quelle langue est comprise par la plupart de leurs hôtes ;

et souvent, chez eux, un domestique qui parle français rend les services d'un interprète polyglotte. J'ai vu en Italie un Suédois qui ne comptait, pour parcourir toute cette contrée, que sur une petite provision de français jointe, il est vrai, à une bonne provision de lettres de change. Avec ce double viatique il allait sans embarras, et l'allemand, qu'il possédait parfaitement, sans parler du suédois et du norvégien, lui servait bien moins que le français qu'il ne savait guère.

Je crains d'en avoir trop dit; je crains, en cherchant les raisons de notre négligence, de lui avoir fourni une excuse. Elle serait bien insuffisante et l'on y répondrait sans peine. Nous ne devons pas être seulement les enfants gâtés de l'Europe. Cette faveur qu'elle nous montre et dont nous pouvons, à certains égards, être fiers comme d'une supériorité, peut aussi devenir un désavantage et une faiblesse. Ayons cette ambition pour la France, de vouloir qu'elle reste, dans une foule de choses honorables et utiles, supérieure aux autres nations; que dans toutes, elle devienne du moins leur égale.

Qui d'entre vous peut assurer que la connaissance des langues étrangères lui demeurera inutile? En est-il un à qui l'on ne puisse affirmer au contraire qu'elle lui rendra plus d'un service ?

Est-il besoin d'en montrer les avantages pour le commerçant ? Est-ce dans une ville qui va puiser si loin, à des sources si diverses, les éléments de sa prospérité ; qui, en échange, envoie dans toutes les parties du monde les produits de son industrie, ces chefs-d'œuvre de travail, ces merveilles de goût; est-ce à Lyon enfin qu'on ignorerait combien cette connaissance est utile pour rendre faciles et fructueux des voyages nécessaires ; pour établir et entretenir des relations précieuses ; pour supprimer des intermédiaires incommodes et dispendieux ; pour lutter contre des concurrents acharnés qui ne négligent aucune chance de succès?

Parlerai-je de l'armée, dont je ne sépare pas notre glorieuse marine? En quel temps nos troupes ont-elles parcouru des contrées plus éloignées, combattu des ennemis plus divers, vu à leurs côtés des alliés plus différents? Moi aussi, je souhaite que le monde oublie enfin ce bruit lugubre des armes dont il n'a jamais encore cessé de retentir; moi aussi je souhaite que les peuples consacrent bientôt tous leurs efforts à ces luttes pacifiques qui ne mêlent point de larmes à la joie du vainqueur et qui profitent même au vaincu ; mais, pour se flatter d'un pareil espoir, il faudrait être aveugle. Soyons donc prêts, non seulement par les armes et le courage, mais encore par les connaissances de toutes sortes, à défendre efficacement en tout pays notre honneur, l'humanité, la justice. Sachons entendre nos ennemis pour les mieux vaincre ; sachons nous faire comprendre des alliés dont nous pouvons nous passer, mais que nous retrouverons, je l'espère, dans les grandes causes. Vous n'en soutiendrez que mieux, vous à qui est réservé un tel honneur, ce drapeau de la France que jamais souverain ne porta plus haut et plus loin que celui qui nous gouverne aujourd'hui ; qui jamais ne fut plus respecté dans le monde entier. Nos mécaniciens, nos ingénieurs, nos architectes vont prêter le secours de leur science et de leur talent aux nations étrangères ; ils prennent part à ces entreprises hardies, à ces travaux gigantesques qui changent aujourd'hui la face des contrées, qui décuplent leur richesse en leur permettant de tirer parti de toutes leurs ressources ; qui surpassent, non pas en beauté, mais en utilité, en grandeur, toutes les merveilles de l'antiquité. Là, nous disputons le prix à ceux qui nous ont devancés ; nous l'emportons quelquefois. Cherchons tous les moyens de propager cette heureuse influence, de rendre plus faciles et plus prompts ces bienfaits dont nous recevons en plus d'une façon la récompense.

Le légiste, le médecin, le professeur, tous ceux qui consacrent leurs travaux ou demandent des secours à quelque science, trouveront dans l'étude des langues le moyen d'être mieux informés de sa marche et de ses progrès. Partout, dans notre siècle, l'esprit humain est à l'œuvre. Ce n'est plus dans quelques villes privilégiées, c'est dans toutes les parties du monde que la science est cultivée, que se publient des ouvrages importants, que les découvertes se multiplient; la terre entière brille d'une lumière que rien désormais ne peut éteindre. Chaque peuple travaille à grossir le trésor de nos connaissances; chacun lutte avec ardeur, avec une noble émulation, contre ses rivaux; chacun enrichit ses adversaires du fruit de son travail, leur prête des armes pour le combattre, leur en emprunte pour n'être pas vaincu. Le plus riche, s'il prêtait toujours sans qu'on lui rendît jamais rien, deviendrait bientôt le plus pauvre.

Qui d'entre vous, enfin, renonce pour toute sa vie aux voyages, une des nécessités les plus fréquentes de notre temps, un des plaisirs les plus faciles et les plus profitables? Cependant vous en perdez en grande partie le plaisir et le fruit si vous ignorez la langue du pays que vous visitez. Les spectacles variés que vous offre la nature ont des charmes puissants; les chefs-d'œuvre de l'art ravissent, par leurs beautés, les esprits cultivés; les villes, leurs monuments, leurs souvenirs, sont une source de réflexions et de sentiments presque inépuisable; mais ce qui doit le plus nous intéresser, nous toucher, nous instruire, quelque pays que nous traversions, c'est l'homme. Nous voulons voir ce que sont devenus nos semblables, formés sous un ciel différent, par d'autres mœurs, un autre culte, d'autres institutions. Désir presque inutile, curiosité vaine, si nous ne pouvons communiquer avec eux directement et sans interprète! L'ignorance de leur langue est comme un mur invisible, mais infranchissable, qui nous sépare d'eux, nous enferme toujours, se meut avec nous, nous tient, au milieu de la foule, dans une sorte d'isolement. Quand nous voyageons de la sorte, la succession des sites les plus variés finit par nous fatiguer ; c'est une lanterne magique qui déroule sans fin devant nos yeux des tableaux muets. Les œuvres d'art, les monuments, les souvenirs, perdent quelque chose de leur charme et de leur intérêt ; car nous ne pouvons comprendre le peuple qui les a produits et dont le caractère, bien que changé parfois, souvent encore les explique. Heureux si nous ne sommes pas contraints de nous livrer aux mains d'un guide ignorant et avide ! Je veux admirer un chef-d'œuvre ; il me montre quelque insignifiante curiosité. Une émotion s'empare de moi ; un sentiment m'échauffe ; il le détruit et me glace par quelque sotte explication. Je m'oublie à réfléchir, il me fait sentir son impatience et mon importunité. Il m'apprend où je puis admirer ; où je dois m'attendrir ; où il faut me récrier ; où il convient de me livrer à une muette contemplation.

— Mes discours sont dictés et même mon silence. —

Bref, il me laisse mécontent de lui, de moi et de ce que j'ai eu l'imprudence de visiter en si malheureuse compagnie. Si je renonce à ce serviteur tyrannique, tout excite ma curiosité, rien ne la satisfait. Je ne trouve dans les paroles que du bruit; dans les gestes que des mouvements désordonnés; dans tout ce qui m'entoure que des énigmes. J'en cherche enfin l'explication dans les récits de quelque voyageur plus instruit et par conséquent plus heureux, et je passe une bonne partie de mon voyage à feuilleter un livre que je pouvais lire sans sortir de chez moi.

Mais quoi? Faut-il donc apprendre la langue de tous les pays que nous pouvons traverser un jour? Pouvons-nous les connaître d'avance et faut-il consumer notre temps à nous préparer à des voyages que peut-être nous ne ferons jamais?

Non sans doute; vous ne pouvez pas, au lycée du moins, apprendre beaucoup de langues; mais parce qu'on ne peut égaler les richesses d'un Lucullus, dédaignera-t-on la médiocrité dorée que chérissait Horace? On vous enseigne ici les deux langues les plus importantes, et quelle que soit celle que vous choisissez, si vous l'avez étudiée à fond, elle vous sera, pour apprendre l'autre, un secours puissant; elle vous servira même à apprendre celles qui lui ressemblent le moins. Une fois qu'on est habitué à de telles études, elles deviennent plus faciles. Les comparaisons se multiplient; les rapprochements fixent les objets dans notre esprit ; les différences même aident à les retenir. Les ressorts de l'intelligence, loin de se fatiguer, jouent avec plus d'aisance ; la mémoire loin de se surcharger, devient plus fidèle et plus prompte, et plus on apprend, plus on devient capable d'apprendre. L'habitude, le goût, l'art du travail, voilà ce qu'on cherche à vous donner ici plus encore que la science, ce que vous en devez surtout emporter.

Attachez-vous donc ici aux connaissances que vous désignent les programmes ; mais ne croyez pas qu'il suffise de répondre tout juste à leurs exigences. Apprenez parmi les langues étrangères celles que les examens vous demandent ; mais ne les apprenez pas uniquement en vue des examens ; et parce qu'on vous laisse libres de ne pas poursuivre une étude, ne pensez pas pour cela qu'elle vous soit inutile. On veut ménager vos forces et ne vous demander que le nécessaire ; mais il y a loin du nécessaire au superflu, et l'utile remplit tout l'intervalle. Un travail n'a que plus de mérite pour n'être pas obligatoire. En vous permettant de refuser celui-ci, le Ministre, dont la sollicitude infatigable autant qu'éclairée imprime à toutes les parties de l'enseignement une si vive impulsion, a pensé que vous y mettriez plus d'ardeur après l'avoir embrassé librement.

Et quand vous aurez terminé toutes les études qui ont pour

objet de fortifier votre esprit et de vous préparer à votre profession ; quand vous vous serez rendus maîtres de cette profession même, à quoi pourrez-vous mieux consacrer une partie de vos loisirs? Quel délassement plus honorable et plus utile que de revenir sans contrainte aux travaux d'autrefois; de vous rappeler, pour les dépasser, les anciennes leçons ; de profiter de la connaissance des langues pour admirer les chefs-d'œuvre qu'elles ont produits?

En effet, je n'ai jusqu'ici parlé que d'une utilité en quelque sorte matérielle, du produit, du revenu de cette étude ; mais il est une utilité plus noble, plus haute et non moins réelle celle qu'en retire l'esprit. Si la pratique des lettres épure notre goût, étend et multiplie nos idées, élève notre pensée, fortifie notre raison ; si elle est une source intarissable de plaisirs qu'on peut goûter en tous lieux, dans toutes les conditions et pour ainsi dire dans toutes les situations de la vie ; acquérir la connaissance d'une nouvelle littérature, c'est augmenter le nombre de ces avantages et la variété de ces plaisirs. Nous trouvons ainsi le moyen de faire plus de comparaisons, d'éclairer des points restés obscurs, de porter des jugements plus sûrs ; nous étendons, dans l'espace et dans le temps, le domaine de nos explorations ; nous faisons chez les peuples lointains, dans les siècles passés, dans toutes les régions du monde de l'intelligence, les voyages les plus faciles, les plus instructifs, les plus délicieux.

Il y a des traductions, sans doute, et nous devons rendre grâce à ceux qui se sont efforcés de faire passer dans notre langue les beautés des autres. J'en connais qui ont fait mentir le proverbe (1), et prouvé que traduire un auteur ce n'est pas toujours le trahir. Mais ils sont trop rares, malheureusement, ceux qui se vouent, dans notre intérêt et pour notre profit, à un travail quelquefois ingrat, toujours pénible. Ils savent bien d'ailleurs, et mieux que les autres, car ils ont étudié de plus près les originaux, qu'une copie ne remplace pas le modèle ; que plus il a de mérite et de beautés, plus il perd à se revêtir d'un langage qui n'est pas le sien. Ayons des traductions, soit, mais comme un musée se contente des plâtres quand il ne peut posséder les marbres ou les bronzes sortis de la main même des artistes.

Heureux celui qui peut lire dans leur langue la plupart des grands écrivains de l'Europe ! L'Italie offre à son admiration ces poètes qui, par la grandeur réglée de leurs conceptions, par la puissance ou la richesse de leur imagination, par leur composition sage à la fois et hardie, par leur langue, tantôt forte et simple, tantôt gracieuse et souple, toujours mélodieuse et sonore, ont rivalisé avec les génies de l'ancienne Rome. Ce sont encore des écrivains tendres et ingénieux qui donnent par l'expression, à des pensées recherchées,

(1) Traduttore, traditore.

une beauté véritable ; des esprits fins et puissants, riches et délicats, qui unissent à la grandeur de l'épopée les caprices d'une imagination enjouée ; des conteurs d'un naturel élégant, des politiques profonds, des historiens nourris des traditions antiques et capables aussi d'ouvrir de nouvelles voies à la science : ce sont des comédies spirituelles et gaies, auxquelles notre théâtre a fait plus d'un emprunt, des tragédies énergiques qui ont, même après les nôtres, leur mérite et leur originalité ; des odes éclatantes, des élégies pleines d'une amertume éloquente.

L'Espagne, dans sa langue moins douce, mais plus grave et plus pompeuse, nous présente une foule d'œuvres où se peint à merveille le caractère de son peuple. Dans ses vieilles chansons on retrouve tantôt la rude énergie des vaillants chrétiens qui repoussèrent le mahométisme de leurs rivages, tantôt une grâce étrange et saisissante, des éclairs de passion qui rappellent le séjour des Mores et font rêver d'Orient. Son théâtre est partout empreint d'une originalité puissante. Les actions héroïques, les crimes, les martyres, les sentiments les plus nobles, les passions les plus violentes, l'imagination, l'esprit, l'observation, l'intrigue, les surprises, toutes les horreurs du drame, toutes les gaîtés de la comédie, toutes les grâces de l'églogue y sont prodiguées avec une profusion qui éblouit et souvent aussi avec un désordre qui fatigue. Ses auteurs, avec une fierté castillane, jettent leurs richesses à pleines mains, en hommes qui possèdent des mines inépuisables ; et trouveraient étrange qu'on se plaignît de rencontrer quelques pièces de cuivre parmi ces flots d'or. Demandez à Corneille s'il méprisait les drames des Espagnols ; demandez à Lesage quel cas il faisait de leurs romans ; vous-mêmes, rappelez-vous ce livre qui amusa votre enfance, qui intéresse et fait penser l'âge mûr, ce don Quichotte si gai et quelquefois si triste, où l'on trouve tant de sagesse avec tant de folie, et qui suffirait seul à honorer une littérature.

Passons en Angleterre : tout d'abord nous y voyons briller un des génies les plus riches et les plus complets que le monde ait jamais admirés ; génie aux mille faces, qui fait oublier des fautes sans nombre à force de beautés ; en qui l'on retrouve les violences, la grossièreté même du moyen-âge avec ce que la renaissance a de plus subtil et de plus raffiné ; la farouche énergie du nord, les passions fougueuses du midi ; les tableaux les plus sombres et les plus fraîches peintures ; les monstres les plus hideux et les figures les plus suaves ; les expressions les plus recherchées et les moins naturelles avec des sentiments d'une vérité inimitable ; l'imagination la plus déréglée à côté de la plus pénétrante et de la plus subtile observation, Shakspeare enfin, qui semble avoir dérobé à la nature, pour animer ses personnages, les secrets de la vie. Près de lui s'élève Milton, dont les conceptions gigantesques sont soutenues par l'inspiration surhumaine de la Bible. J'admire, d'un autre côté, des philosophes profonds, habiles à féconder l'expérience, plus curieux d'inventions utiles, d'observations exactes ou de raisonnements justes que d'ingénieuses théories ; des moralistes en vers ou en prose élégants et châtiés ; des railleurs mordants et amers ; des politiques d'une forte et solide éloquence ; je vois enfin au siècle passé et presque dans le nôtre, des romanciers qu'on n'a guère surpassés ; un poète dont on peut condamner les erreurs mais non méconnaître la puissance ; un historien qui a possédé au suprême degré l'art de vivifier la science, de ranimer les hommes d'autrefois et d'évoquer de la poussière des bibliothèques la vivante image du passé.

L'Allemagne, entrée plus tard dans la carrière des lettres, présente un spectacle différent. A toute la fraîcheur de la jeunesse, sa littérature allie toute la science de l'âge mûr. Là peu de poètes qui ne soient en même temps des critiques. Leur enthousiasme est sincère ; mais ils peuvent en montrer les sources, en expliquer les règles et faire la théorie de leur génie. Il semble qu'ils aient commencé par le savoir pour arriver à l'inspiration ; mais s'ils ont profité des leçons que leur avaient données les autres peuples, tant d'étude ne leur a pas enlevé leur originalité. Où trouverons-nous des poésies qui peignent mieux l'âme de leurs auteurs, ses mouvements, ses aspirations, ses rêveries ? où cher-cher un sentiment plus délicat, plus profond des beautés de la nature ? Quel peuple eut une intelligence plus complète des époques et des peuples antérieurs ? Il me semble voir une image fidèle de l'Allemagne dans l'œuvre si singulière, si complexe et si riche du plus grand de ses poètes. Je trouve dans *Faust* la pure beauté grecque transportée par une évocation puissante au sein du moyen-âge germanique ; Hélène à côté de Marguerite ; un héros qui ne connaît la passion qu'après s'être lassé de l'étude ; un poème qui prend ses racines dans la légende, commence par un drame tou-chant et finit par des allégories philosophiques et littérai-res. Dans la littérature allemande, à côté d'une source fraî-che de poésie, nous sommes presque effrayés de rencontrer une philosophie aux profondeurs infinies. Je considère avec respect ces analyses longues et minutieuses, ces fortes et laborieuses démonstrations sur lesquelles l'audace des hypo-thèses a fondé des édifices gigantesques. Mais ce qui ne me frappe pas moins, c'est cette merveilleuse activité in-tellectuelle, ce goût, cet amour du travail qui ont porté dans toutes les parties de l'érudition une lumière quelquefois un peu trouble, mais à laquelle rien n'échappe ; qui abordent toutes les sciences avec une égale ardeur et une égale persévérance ; qui ne permettent guère à d'autres nations de savoir autant que l'Allemagne ; mais leur laissent peut-être la consolation de savoir mieux.

Il est encore, en d'autres langues moins répandues, une foule de grandes et belles choses ; mais sachons nous borner. Ce trésor, dont je viens de vous indiquer les richesses d'une manière si faible et si incomplète, vous savez quelle en est la clef. Ne supporterait-on pas, pour s'en emparer, les plus longs et les plus pénibles travaux ? Il vous suffit de commencer ici avec soin, avec conscience, l'étude des langues vivantes ; ces premiers pas une fois faits , les autres vous seront faciles ; vous n'aurez plus besoin, pour avancer, que de ne pas vouloir reculer, et vous passerez sans peine de conquête en conquête.

Il y eut chez les Romains un homme qui, né d'une famille obscure, s'était élevé, par son travail et son énergie, aux premières dignités de la République. Sa vie n'avait été qu'une longue lutte contre la terre, qu'il forçait à l'enrichir, contre les ennemis de sa patrie qu'il mettait en fuite sur le champ de bataille ; contre les siens que son éloquence rude et vigoureuse accablait au Forum ; mais surtout contre le luxe, la mollesse, la corruption que son nom seul fait encore trembler. Vous avez reconnu Caton l'ancien. Certes ce n'é— tait pas un caractère frivole, un ami des vains plaisirs et des occupations stériles. Eh bien, ce même Caton comprit sur ses vieux jours qu'à ses talents, à son expérience, à ses honneurs, il manquait quelque chose ; qu'il pouvait encore enrichir de quelques utiles ornements sa robuste vieillesse ; il voulut savoir une autre langue que la sienne, qui déjà cependant s'imposait au monde, et se mit à étudier le grec à quatre-vingts ans.

La plupart d'entre vous ont appris ce grec de bonne heure, plus heureux que lui ; mais ils ne l'imiteront qu'en apprenant, comme il le faisait, une langue vivante. N'attendez pas aussi tard que Caton ; il y aurait quelque imprudence. Étudiez à fond, dès à présent, le langage de quelque nation voisine et consacrez plus tard, à de pareilles occupations, une part de vos loisirs. Croyez-moi ; vous en serez récompensés ; plus vous y donnerez de temps, plus vous y trouverez de profit et de plaisir. Puissiez-vous, pour augmenter vos jouissances, posséder un jour toutes les langues dont j'ai parlé ; puissiez-vous en apprendre encore de nouvelles à quatre-vingts ans.